BEI GRIN MACHT SICH IHR WISSEN BEZAHLT

- Wir veröffentlichen Ihre Hausarbeit, Bachelor- und Masterarbeit

- Ihr eigenes eBook und Buch - weltweit in allen wichtigen Shops

- Verdienen Sie an jedem Verkauf

Jetzt bei www.GRIN.com hochladen und kostenlos publizieren

Programmiersprache "Go" und Ökosysteme

Christopher Peters

Bibliografische Information der Deutschen Nationalbibliothek:

Die Deutsche Nationalbibliothek verzeichnet diese Publikation in der Deutschen Nationalbibliografie; detaillierte bibliografische Daten sind im Internet über http://dnb.d-nb.de abrufbar.

ISBN: 9783346537386
Dieses Buch ist auch als E-Book erhältlich.

© GRIN Publishing GmbH
Nymphenburger Straße 86
80636 München

Druck und Bindung: Books on Demand GmbH, Norderstedt Germany
Gedruckt auf säurefreiem Papier aus verantwortungsvollen Quellen

Das vorliegende Werk wurde sorgfältig erarbeitet. Dennoch übernehmen Autoren und Verlag für die Richtigkeit von Angaben, Hinweisen, Links und Ratschlägen sowie eventuelle Druckfehler keine Haftung.

Das Buch bei GRIN: https://www.grin.com/document/1044870

Fakultät Informatik

Go und Ökosysteme

Seminararbeit

Kurzfassung

Go ist eine Programmiersprache und Teil von „The Go Project". In diesem Projekt befinden sich neben der Sprache noch weitere Bibliotheken und Werkzeuge. Zum einfachen Erlernen lehnt sich Go syntaktisch an C und Java an und bedient sich einiger Konzepte der objektorientierten Programmierung. Des Weiteren hat der Programmierer in Go keinen direkten Einfluss auf Threads, für diesen Zweck existiert der Go Scheduler. Dieser stellt die Schnittstelle zwischen Threads und Koroutinen dar.

„The Go Project" stammt aus dem Hause Google und gewinnt stetig an Beliebtheit. Go wurde vorrangig für Cloud Server entwickelt, weshalb der Aspekt der Nebenläufigkeit besonders wichtig ist.

Abstract

Go is a programming language and part of „The Go Project". In addition to the language, this project also contains other libraries and tools. For easy learning Go leans syntactically on C and Java and uses some concepts of object-oriented programming. Furthermore the programmer in Go has no direct influence on threads, for this purpose the Go Scheduler exists. This represents the interface between threads and coroutines.

„The Go Project" comes from Google and is steadily gaining popularity. Go was primarily developed for cloud servers, which is why the concurrency aspect is particularly important.

Inhaltsverzeichnis

Abbildungsverzeichnis

1 Einleitung

Diese Arbeit beleuchtet die wichtigsten Bestandteile von „The Go Project", welches
2012 von Google offiziell angekündigt wurde und bereits seit 2009 in Entwicklung
ist. Go wurde entwickelt mit dem Hintergedanken diese als Programmiersprache
für Cloud-Server einzusetzen.

1.1 Motivation

Go ist eine der 10 am schnellst wachsenden Programmiersprachen auf
GitHub.com[1]. Auch die Tatsache, dass Google eines der größten Tech-Konzerne der
Welt ist und Go entwickelt, sowie benutzt, spricht für eine dementsprechend hohe
Relevanz dieser Sprache. Ebenfalls steigt die Bedeutung von Cloud-Computing-
Services[2] und damit auch die der Sprache.

1.2 Zielsetzung

Dem Leser soll ein Überblick über die wichtigsten Konzepte von Go gegeben werden, damit dieser einen leichteren Einstieg findet. Außerdem soll dieser Überblick
dem Unentschlossenen helfen, sich für eine Sprache für ein bevorstehendes Projekt
zu entscheiden.

---

[1]GitHub, The State Of The Octoverse, https://octoverse.github.com/, 28.12.2020

[2]Statista,„Marktvolumen von Cloud-Computing-Services in Deutschland von 2016 bis 2017 und
Prognose bis 2021 ",https://de.statista.com/statistik/daten/studie/165458/umfrage/prognostiziertes-
marktvolumen-fuer-cloud-computing-in-deutschland/

1.3 Aufbau der Arbeit

Um verstehen zu können, wie und weshalb diese Sprache entstanden ist, wird im Folgenden auf die Geschichte eingegangen. Des Weiteren werden die Eigenheiten der Sprache, die Umsetzung der Nebenläufigkeit sowie den Compiler und die Test- bzw. Benchmarkwerkzeuge betrachtet. Diese werden mit Codebeispielen anschaulich dargestellt.

2 Entstehungsgeschichte

2.1 Entstehung

Laut Schröpfer[2] stammt Go aus der Feder der drei damaligen Google-Mitarbeitern Robert Griesemer, Rob Pike und Ken Thompson. Pike hat bereits durch „Newsqueak" Erfahrung in Nebenläufigkeiten gesammelt. 2009 wurde die Sprache samt den dazugehörigen Werkzeugen Open Source gemacht[2] und offiziell angekündigt[1]. Am 28.03.2012 wurde die erste als „stabil" bezeichnete Version veröffentlicht[3], welche die Garantie gab, dass jeder Code, welcher mit dieser Version geschrieben worden ist, mit allen späteren Go-Versionen bis ausschließlich Go 2.0 kompatibel sein wird[3].

2.2 Gründe für Go

Die Sprache ist entstanden, weil die damals benutzten Sprachen keine gute Multi-Core Unterstützung geboten haben und die Kompilierzeiten zu groß geworden sind. Wie Schröpfer schreibt, erzählte Pike in einem Interview, dass er einmal an einem Projekt gearbeitet hat, bei welchem der Kompilierungsprozess nach jeder Änderung ca. 45 Minuten dauerte. Somit überzeugten die drei Schöpfer der Sprache nach dem Start des Projekts 2007 Google davon, Go als Cloud-Server Sprache einzusetzen. Außerdem war der geschätzte Entwickler-Anteil von Google 2018 ca. 60 %, was der Grund dafür war, dass der Syntax von Go an die bekannte Sprachen wie C und Java angelehnt wurde.[2]

3 Syntax

Der Kerngedanke von Go ist es eine leicht zu erlernende Sprache, mit einfach zu lesendem Code zu sein. Wie in Kapitel 2 erwähnt, wurde die Sprache Go an Java und C angelehnt. Dies ermöglicht es Entwicklern, die bereits Erfahrung mit diesen Sprachen haben, ein leichteres Erlernen von Go. [2] In diesem Abschnitt gibt es einen kurzen ein Blick in die Syntax.

3.1 Basisdatentypen, Variablen und Pointer

Go Typen fallen unter 4 Kategorien: Basistypen, Aggregattypen, Referenztypen und Interfacetypen. Die Basisdatentypen sind in Abbildung 3.1 zu sehen. [4]

bool	string				
int	int8	int16	int32	int64	
uint	uint8	uint16	uint32	uint64	uintptr
byte	rune	float32	float64		
complex64	complex128				

Abbildung 3.1: Go Basisdatentypen

Variablen werden in Go mit dem Schlüsselwort var definiert. Die Syntax verlangt, dass der Variablendatentyp nach dem Variablennamen angeben werden muss. Darauf kann verzichtet werden, wenn im selben Schritt die Wertzuweisung erfolgt. Variablen, die ohne Wert definiert werden, bekommen in dieser Sprache einen Nullwert zugewiesen. Des Weiteren erlaubt es der Go-Compiler nicht. ungenutzte Variablen mitzuführen, diese werden als Fehler gemeldet. [2]

Syntax: `var variablename(Datatyp)=expression or value`

Eine weitere Möglichkeit zur Initialisierung ist die Kurzdeklaration mit dem Operator `:=`. Dabei wird auf das Schlüsselwort `var` verzichtet und der Variable gleich ein Wert zugewiesen. [2]

```
func main() {
    var var1 // Datentyp fehlt
    var var2 = 4
    var var3 int //initial Wert 0
    var var4 float32 //ungenutze Variable
    var5 :=10 //Kurzdeklaration
    fmt.Println(var2+var3+var5) //4+0+10
}
```

Quellcode 3.1.1: Variabel deklaration

Go Variablen können auch Pointer sein. Pointer haben an sich keinen eigenen Wert und speichern nur die Speicheradresse einer Variable ab. In anderen Worten sie referenzieren die Variable. Um einen Typen als Pointer festzulegen wird der *-Operator benötigt. Die Adresse einer Variable wird mithilfe des &-Operators ausgelesen.[2]

```
func main() {
    var var2 int = 4
    var ptr *int //int pointer
    ptr = &var2 // Speicheradresse von var2 wird zugewiesen
    *ptr = 100 //dereferenzierung
}
```

Quellcode 3.1.2: Pointer

Um auf den Wert der referenzierten Variable zugreifen zu können bzw. diese zu bearbeiten wird die Dereferenzierung benötigt. Dies erfolgt mit dem vorangestellten *-Operator. [2]

3.2 Strukturen

Strukturen sind zusammengesetzte Typen. Sie ermöglichen es, mehrere Typen zu einem neuen Typen zu vereinen. Mit dem Schlüsselwort `struct` werden Strukturen definiert, welches aus C oder C++ bekannt sein könnte. [2]

Typ-Definition:	Variablen-Deklaration: *Composite Literals*
`type` Tester `struct` {x int y int}	test := `Tester` { x:1,y:2}

Abbildung 3.2: Struct Definition und Deklaration

Beim Deklarieren der Variablen wird das *Composite Literals* verwendet um Werte zuzuweisen. Diese beginnen mit dem Typnamen der Struktur und danach werden die gewünschten Werte in einem Block angegeben. [2]

3.3 Funktionen

Eine Funktion ist eine Abfolge von Statements, die als ein Block dargestellt werden und an anderen Stellen im Programm aufgerufen werden können. Sie ermöglicht es eine große Aufgabe in mehrere kleinere Teilaufgaben einzuteilen.[4]

Die Parameter werden als Kopie übergeben. Das bedeutet, dass Änderungen an der Kopie innerhalb der Funktion, zu keiner Änderung am Original führen. Dabei muss beachtet werden, dass, wenn es sich bei den Argumenten um eine Art von Referenz handelt, wie zum Beispiel bei Pointers, Maps oder Slices, es dazu kommen kann, dass das Original indirekt von der Funktion modifiziert wird. [4]

Funktionen verfügen über die Möglichkeit mehr als nur einen Wert zurückzugeben. Die Anzahl und die entsprechenden Datentypen, werden von der Result-List festgelegt.[4]

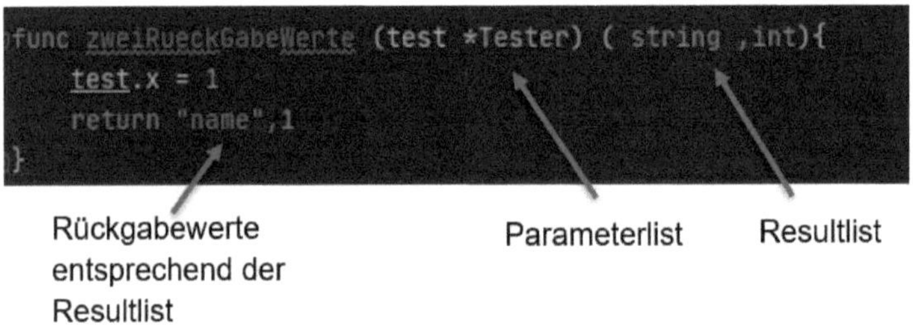

```
func zweiRueckGabeWerte (test *Tester) ( string ,int){
    test.x = 1
    return "name",1
}
```

Rückgabewerte entsprechend der Resultlist   Parameterlist   Resultlist

Abbildung 3.3: Aufbau einer Funktion

3.4 Objektorientierte Programmierung

Seit den frühen 1990ern dominiert die Objekt-Orientierte Programmierung die Programmierparadigmen von Industrie und Bildung. Go ist da keine Ausnahme, allerdings wählt Go einen anderen Ansatz als zum Beispiel Java. [1]

Laut dem Werk „Design Patterns" von Erich Gamma, Richard Helm, Ralph Johnson und John Vlissides, gibt es zwei Grundsätze für das objektorientierte Design [2]:

- Programmiere gegen Schnittstellen, nicht gegen Implementierungen.
- Die Objektkomposition ist der Klassenvererbung vorzuziehen.

In Go wird auf Klassen und Objekte verzichtet, dennoch ist eine Objektorientiere Programmierung möglich. Für die Umsetzung echter Objekte werden direkt konkrete Typen verwendet. Wenn ein Objekt mehr als nur eine Eigenschaft enthält, wird diese auf einer Struktur abgebildet. Dadurch sind nicht alle Features der Vererbung und Implementierung von Klassen Verfügbar. Dabei wird auf nicht unbedingt notwendige Elemente verzichtet, mit dem Ziel der größtmöglichen Einfachheit.[2]

3.4.1 Methoden

Methoden in Go sind im Grunde Funktionen. Dabei wird der der Parametertyp vor den Methodennamen gezogen. Der Parametertyp ist in diesem Fall das aufrufende Objekt.

Wie im Abschnitt 3.3 Funktionen bereits erwähnt wird nur eine Kopie vom übergebenen Objekt erstellt. Solange nur lesend auf das Objekt zugegriffen wird, stellt dies kein Problem dar. Sobald ein schreibender Zugriff auf dieses Objekt erfolgen soll, muss die Referenz des Objektes übergeben werden. [2]

```
type Tester struct {
    x int
    y int
}
func (t Tester)GetY  () int{ return t.y} \\lesender Zugriff
func (t*Tester) SetY (i int)  { t.y =i } \\schreibender Zugriff
```

Quellcode 3.4.1: Beispiele für Methoden

Beim Methodenaufruf muss keine Referenz übergeben werden, auch wenn diese von der Methodendeklaration gefordert ist. An dieser Stelle bietet Go ein paar weitere komfortable Funktionen. Beim Aufruf der Methode ist das Objekt zwar kein Pointer, jedoch ergänzt der Compiler diese Angaben im Hintergrund.[2]

3.4.2 Datenkapselung

Datenkapslung ist eine der wichtigsten Grundprinzipien der OOP. Im Gegensatz zu Java oder C++ verzichtet Go auf die Schlüsselwörter **public** und **private**. Stattdessen analysiert Go den Namen des Elementes. Je nachdem, ob der Name groß- oder kleingeschrieben ist, entscheidet darüber ob ein Element **private** oder **public** ist. Hierbei muss beachtet werden, dass die Sichtbarkeit nur für Elemente außerhalb des eigenen Pakets eingeschränkt werden kann. Elemente innerhalb desselben Package haben immer vollen Zugriff auf alle Elemente. Alle Elemente, die mit einem Großbuchstaben anfangen, werden als exportiert definiert, welches unter Java als **public** bezeichnet wird. Dementsprechend sind alle Elemente, die mit einem Kleinbuchstaben anfangen, nicht exportiert bzw. sind **private**. [2]

4 Concurrency in Go

4.1 Concurrency

Einer der Hauptgründe für die Entwicklung der Sprache Go war Concurrency, also die Nebenläufigkeit. Concurrency erlaubt es Anweisungen auf alle CPUs einer Maschine zu verteilen. In Sprachen wie Java und C++ war dies nur sehr schwer umzusetzen. [2]

Eine sehr verbreitete Fehlannahme ist das Concurrency dasselbe ist wie Parallelität. Während Parallelität die simultane Ausführung mehrerer Entitäten darstellt, ist Nebenläufigkeit eine Möglichkeit, ihre Komponenten so zu strukturieren, dass sie unabhängig voneinander ausgeführt werden können, sobald es möglich ist. Nur wenn Softwarekomponenten konkurrierend aufgebaut werden, kann sichergestellt werden, dass diese Sicher parallel ausgeführt werden, falls dies das Betriebssystem und die Hardware zulassen. [1]

Dafür nahm sich Go das „Communicating Sequential Processes" (CSP)-Modell von Tony Hoare 1979 als Vorlage. Dieses Modell beschreibt Prozesse, welche in der Lage sind, über Nachrichten miteinander zu kommunizieren. Alle Prozesse laufen in Koroutinen. Eine Koroutine hat die Merkmale, dass sie zur Laufzeit angehalten werden kann und zu einem anderem Zeitpunkt wieder fortgesetzt werden kann.[2]

Die Koroutinen in Go werden auch *Goroutinen* genannt.

4.2 Goroutinen

4.2.1 Was sind Goroutinen

Eine Goroutine ist die kleinste Go-Einheit, die unabhängig nebenläufig ausgeführt werden kann. Dabei muss beachtet werden, dass im Gegensatz zu einem Betriebssystemprozess, Goroutinen nicht unabhängig sind. Goroutinen leben in Threads, welche wiederum in Prozessen leben. Somit ist es nur möglich eine Goroutine zu erstellen, wenn bereits ein Prozess existiert mit mindestens einem Thread. Das Betriebssystem übernimmt dabei die Aufgabe des Prozess-und Thread Managements. Das heißt, dass Go und der Entwickler für die Goroutinen zuständig sind.[1]

Der Vorteil von Goroutinen ist, dass diese leichter sind als Threads, Threads sind wiederum leichter als ein Prozess. In der Praxis kann ein Prozess mehrere Threads und sehr viele Goroutinen haben. [1]

Ein neue Goroutinen kann mit dem Schlüsselwort go gefolgt von einem Funktionsnamen oder einer vollständig definierten anonymen Funktion definiert, erstellt und ausgeführt werden. Das Schlüsselwort bewirkt, dass die Funktion im Hintergrund ausgeführt wird. Währenddessen setzt der Rest des Programmes seine Ausführung fort. Hierbei muss beachtet werden, dass man keine Kontrolle bzw. Aussage darüber treffen kann wann und in welcher Reihenfolge die Routinen ausgeführt werden. Dies hängt vom Scheduler des Betriebssystems, dem Go Scheduler und der Auslastung des Betriebssystems ab.[1]

4.2.2 Erstellung einer Goroutine mit sync.WaitGroup

Bei der Erstellung von Goroutinen sollte im Vorfeld geklärt werden, ob die Aufrufende Funktion oder das Programm, auf die aufgerufene Goroutine, warten muss oder nicht. Im Codebeispiel 4.2.1 ruft das Mainprogramm die makeSomething Funktion als eine Goroutine auf. Diese erstellt eine simple Ausgabe auf der Console. Es wäre auch möglich gewesen die Methode als eine Anonyme Funktion im Mainprogramm zu definieren. Der Vorteil daran wäre gewesen, dass die Routine

Zugriff auf sync.WaitGroup hätte, weil diese über das Closure direkt innerhalb der
Goroutine gültig ist.[2]

```
func makeSomething(wg *sync.WaitGroup, test string)  {
    fmt.Printf("Hallo %s",test)
    wg.Done()
}
func main() {
    wg:= &sync.WaitGroup{} // pointer auf sync.WaitGroup
    wg.Add(1) //setzt das Delta auf 1
    go makeSomething(wg,"test")
    /*go func(test string) { //Anonyme Funktion
        fmt.Printf("Hallo %s",test)
        wg.Done()
    }("tester")*/
    wg.Wait()//Wartet solange bis Delta erreicht wird
}
```

Quellcode 4.2.1: Goroutine mit sync.WaitGroup

sync.WaitGroup ermöglicht es festzulegen, ob auf eine oder mehrere Goroutinen
gewartet werden soll. Im Mainprogramm wird sync.Waitgroup definiert. Mit der
wg.Add() Methode wird festgelegt auf wie viele Routinen gewartet werden soll.
Damit die Goroutine signalisieren kann, dass sie fertig ist, muss eine Referenz von
sync.Waitgroup mit übergeben werden. Mit der wg.Done() Methode kann diese
dann signalisieren, dass die Bearbeitung abgeschlossen hat. wg.Wait() zwingt
das Mainprogramm solange zu warten bis das festgelegte Delta erreicht wurde.
Wenn das Delta zu groß gewählt wurde, fällt das Programm in ein Deadlock. [2]
Ohne sync.WaitGroup könnte es dazu kommen, dass das Programm terminiert, weil
die Mainfunktion abgearbeitet wurde. Dadurch könnte es sein, dass die Goroutine
terminiert wird, ohne ihre Aufgaben abgeschlossen zu haben. [2]

4.3 Go-Scheduler

Für die Ausführung von Threads von einem Programm ist der Scheduler des Betriebssystems zuständig. Die Go Runtime hat ihren eigenen Scheduler, welcher für
die Ausführung von Goroutinen zuständig ist. Dafür wird das **m:n scheduling** Ver-
fahren angewendet. **m** ausgeführte Goroutinen werden in **n** Betriebssystemthreads
eingeplant unter Berücksichtigung der Umgebungsvariable **GOMAXPROCS**. **GO-
MAXPROCS** legt fest wie viele logische Prozessoren vom Go-Programm verwen-

det werden dürfen. Seit Go Version 1.5 ist der Default-Wert die Anzahl der verfügbaren logischen Prozessoren des Betriebssystems. [1] Bei der **work-stealing Stra-
tegie**, welche vom Go-Scheduler verwendet wird, sucht ein logischer Prozessor,
wenn dieser nicht ausgelastet ist, nach weiteren Aufgaben von anderen Prozessoren
und „stiehlt" diese. [1]

Im Folgenden wird versucht, die Funktionsweise des Go Schedulers mithilfe der
Abbildung 4.1 zu verdeutlichen

Die drei Hauptentitäten des Scheduler sind: Betriebssystemthreads(**M**), Gorouti-
nen(**G**) und (**P**) logischen Prozessoren.

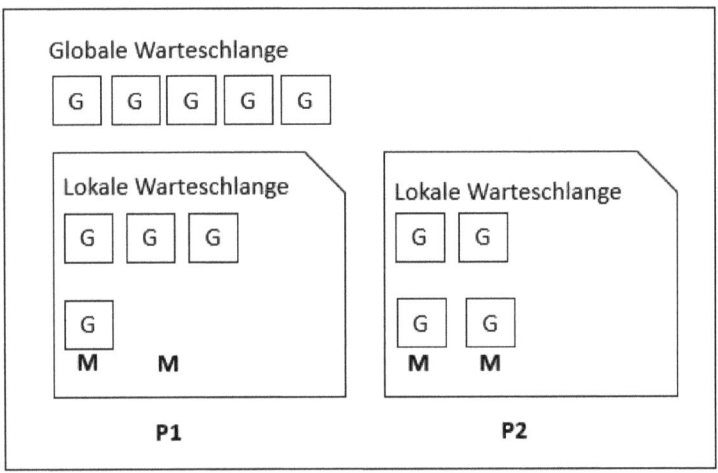

Abbildung 4.1: Funktionsweise eines Go-Scheduler [1]

Wie in Abbildung 4.1 zu sehen, hat der Go Scheduler verschiedene Warteschlangen.
Es gibt eine globale Warteschlange und für jeden logischen Prozessor eine weitere,
die sogenannten „lokalen Warteschlangen". Die lokalen Warteschlangen „klauen"
sich Goroutinen aus den anderen Warteschlangen, wenn die aktuelle Auslastung
dies zulässt. [1] Wann Goroutinen in die globale oder die lokalen Warteschlangen
eingereiht werden, ist nicht klar, da sich die Quellen an dieser Stelle widersprechen.
Tsoukalos schreibt, dass der Go Scheduler darauf achten muss, dass zwischendurch

auch Goroutinen aus der globalen Warteschlange ausgeführt werden, was impliziert, dass hauptsächlich Goroutinen in die lokalen Warteschlangen aufgeteilt werden. [1] Kennedy hingegen sagt, dass alle Goroutinen in die globale Warteschlange eingefügt werden[5], was den Hinweis von Tsoukalos überflüssig machen würde. Einig sind sie sich dabei, dass Goroutinen aus der globalen Warteschlange in die lokalen aufgeteilt werden.

Des Weiteren kann jeder Prozessor mehrere Threads haben. Bei bedarf kann der Scheduler weitere Betriebssystemthreads erstellen. Da Betriebssystemthreads speicherintensiver als Goroutinen[5] sind, können zu viele davon die Go Anwendung verlangsamen. [1]

Der Go-Scheduler ist zuständig für die Ausführung von Goroutinen und ist somit einer der wichtigsten Komponenten in der Programmiersprache Go, weil alles in einem Go Programm als eine Go Routine ausgeführt wird.[1]

Dabei sollte beachtet werden, dass ein Go Scheduler nur für die Goroutinen eines Programms zuständig ist. [1]

4.4 Channels

4.4.1 Was sind Channels?

Channels sind zuständig für die Kommunikation zwischen verschiedenen Goroutinen. Über diese lassen sich Nachrichten verschicken, wobei die Nachrichten nach dem FIFO(First In First out)-Prinzip verschickt und empfangen werden. Wenn eine Nachricht empfangen wird, verschwindet sie aus dem Channel. [2]

Channels haben drei Operationen: senden, empfangen und schließen. Wenn in einer Routine aus einem Channel empfangen wird, welcher leer ist, wartet die Routine bis es etwas zum Empfangen gibt. Ähnlich verhält es sich auch mit dem Senden. Wenn die maximale Kapazität eines Channels erreicht ist, wartet die Routine mit dem Senden bis wieder Platz in dem Channel ist. Senden in einen geschlossenen Channel führt dazu, dass das Programm `panic` auslöst, wodurch sich das Programm beendet. Empfangen werden können Daten bis der geschlossene Channel leer ist.

Empfangen aus einem leeren geschlossenen Channel gibt lediglich den Nullwert des Datentypen dieses Channels wieder. [4]

Des Weiteren können Channels verschiedene Kapazitäten besitzen und werden eingeteilt in „unbuffered" und „buffered" Channels. Buffered Channels haben eine Kapazität größer als 0 und Unbuffered Channels eine von 0. [4]

Unbuffered Channels haben die Eigenschaft, dass eine empfangende Routine eines sendende braucht und umgekehrt, da sie keinen Puffer haben, die Operationen aber die Routine blockieren, wenn der Channel leer bzw. voll ist. Die Goroutinen, welcher über diesen Channel miteinander kommunizieren werden also synchronisiert, weshalb Unbuffered Channels auch „synchrone Channels"genannt werden. [4]

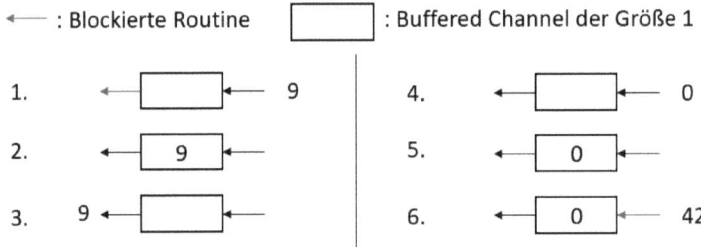

Abbildung 4.2: Darstellung der Funktionsweise eines Unbuffered Channel

In Abbildung 4.2 wird die Funktion eines Buffered Channel vom Typ int der Größe 1 und die Status der sendenden (rechts vom Channel) und der empfangenen (links vom Channel) Routinen dargestellt. Folgendes passiert dabei in diesen Schritten:

1. Da der Channel leer und das Senden der 9 noch nicht abgeschlossen ist, blockiert der Empfänger.

2. Der Channel enthält eine 9 und kein Channel blockiert, da der Empfänger etwas zum Empfangen hat und der Sender nichts sendet.

3. Der Empfänger hat die 9 empfangen, der Channel ist leer.

4. Der Sender sendet eine 0.

5. Die 0 ist im Channel angekommen.

6. Der Sender blockiert, da er eine 42 sende möchte, die Channelkapazität von 1 allerdings erreicht ist. Erst wenn eine Routine wieder aus diesem Channel liest, kann die sendende Routine weiterarbeiten. Da es hier keinen Empfänger mehr gibt, handelt es sich in dieser Situation um einen sogenannten „Deadlock".

4.4.2 Syntax

Wie in 4.4.1 erwähnt, hat jeder Channel einen Datentypen. Da ein Channel, genau wie eine Map, eine Referenz auf eine Datenstruktur ist, wird dieser mithilfe der Funktion make erstellt.

```
ch0 := make(chan int)    //Unbuffered Channel vom Typ 'int'
ch1 := make(chan int, 0) //Unbuffered Channel vom Typ 'int';
    aequivalent zu Zeile 1
ch2 := make(chan int, 3)    //Buffered Channel vom Typ 'int' mit
    einer Kapazitaet von 3
```

Quellcode 4.4.1: Beispiele zur Erstellung von Channels

Wie in 4.4.1 besprochen, hat ein Channel drei Operationen: senden, empfangen und schließen. Geschlossen wird ein Channel über die Funktion close(channel). Senden und empfangen werden über einen Pfeil dargestellt, der von rechts nach links zeigt: <- . Ob gesendet oder empfangen wird, entscheidet die Position des Pfeils relativ zu der Channel-Variable. Steht der Pfeil links der Variable wird empfangen, steht er rechts davon wird gesendet.

Zur Veranschaulichung ist in Abbildung 4.4.2 die Implementation der Abbildung 4.4.1 zu sehen. Der Sender ist hier die Hauptroutine main() und der Empfänger die Nebenroutine routine, welche durch das Schlüsselwort go vor dem Aufruf als eigene Goroutine läuft.

```
func main() {
    ch := make(chan int,1)  //Schritt 1
    go routine(ch)
    ch <- 9            //Schritt 2
                       //Schritt 4
    ch <- 0            //Schritt 5
    ch <- 42           //Schritt 6 (Deadlock)
    close(ch)
}
```

```
10
11 func routine(ch chan int){
12     v:= <- ch                    //Schritt 3, Speichern in 'v'
13     //...
14 }
```

Quellcode 4.4.2: 4.2 in Go umgesetzt

Da in Abbildung 4.4.2 keine Routine die von der Hauptroutine gesendete 0 empfängt, befindet sich das Programm ab Zeile 7 in einem Deadlock und wird den Aufruf close(ch) aus Zeile 8 nicht erreichen.

4.5 Pipelines

Pipelines, auch „Pipes"genannt, sind elementarer Bestandteil in unixähnlichen Systemen. Dort werden Sie zum Verketten von Datenströmen verwendet. [2]

Pipelines verarbeiten einen Datenstrom und geben einen verarbeiteten wieder aus, indem verschiedene „Stages" miteinander verknüpft werden, durch welche die Daten fließen. Die Stages werden dabei durch Channel verbunden. [2]

Eine Stage ist durch eine Funktion dargestellt, welche einen Input-Channel („Upstream") und einen Output-Channel („Downstream") hat. Die Funktion in der Stage wird als eigene Goroutine gestartet und verarbeitet die Daten meist in einer Schleife. [2]

Im Gegensatz zu der sequentiellen Verarbeitung eines Datenstroms hat die Pipeline also den Vorteil, dass ein Block von Operationen, welcher durch eine Stage zusammengefasst wird, zu einer anderen Stage nebenläufig den Datenstrom abarbeiten und weitergeben kann. In einer sequentiellen Bearbeitung hingegen, würde nur eine Stage gleichzeitig arbeiten können, da diese in nur einer Goroutine abliefe.

5 Werkzeuge

5.1 Compiler

In diesem Abschnitt wird auf den Go-Compilers sowie auf wichtige Umgebungsvariablen und auf die Funktion von Build-Tags eingegangen.

5.1.1 Funktionsweise

Anders als in beispielsweise Java, wo der Quellcode in Bytecode kompiliert wird und in der Java Virtual Machine ausgeführt werden muss, kompiliert der Go Compiler den Quellcode in Object Code, aus welcher eine ausführbare Datei gebaut und direkt auf dem Zielsystem ausgeführt werden kann, ohne dass Go installiert sein muss. [1] Deshalb müssen vorher die Prozessorarchitektur und das Zielsystem in den Umgebungsvariablen angepasst werden, worauf später in 5.1.2 eingegangen wird. Zu einer ausführbaren Datei kompiliert wird der Quellcode mit dem Befehl:
```
go build
```

Besonders ist, dass der Compiler es nicht erlaubt, ungenutzte Abhängigkeiten in den „import-statements" stehen zu haben[2]. Dies hat den Vorteil, dass das kompilierte Programm nicht unnötig schwergewichtig wird. Außerdem erzeugen ungenutzte Variablen genau wie die ungenutzten „import-statements" ebenfalls einen harten Fehler, woraus potenziell weniger verwirrender Quellcode resultiert[4].

Des Weiteren werden beim Kompilieren Dateien mit nach dem Schema `*_test.go` ignoriert, da dort ausschließlich Tests erwartet werden. Auf das Testen in Go wird weiter in 5.2 eingegangen.[3]

5.1.2 Build Tags & Umgebungsvariablen

Normalerweise wird der gesamte Quellcode in eine ausführbare Datei geschrieben. Wenn ein Entwickler beispielsweise Betriebssystemfunktionen nutzt, sind diese unter Umständen unterschiedlich zwischen verschiedenen Systemen. In dieser Situation können sogenannte „Build Tags"verwendet werden. Diese müssen ab der ersten Zeile untereinander aufgeführt sein, damit die Tags AND-verknüpft werden. Wenn die Build Tags hintereinander mit Leerzeichen getrennt in der ersten Zeile auftreten, werden diese OR verknüpft. [2]

Im Folgenden ist ein Beispiel einer Datei zu sehen, welche nur kompiliert wird, wenn das Zielsystem Windows oder der Tag `tagA` nicht vorhanden ist und der Tag `tagB` existiert.

```
// +build windows !tagA
// +build tagB

package pkg

const DEBUG = true
```

Quellcode 5.1.1: Beispiel für den Einsatz von Build Tag

Mit Umgebungsvariablen können Einstellungen für den Compiler gesetzt werden. Anzeigen lassen kann man sich alle verfügbaren mit dem Befehl `go env` . Hier beleuchtet werden die Variablen `GOROOT`, `GOPATH`, `GOOS` und `GOARCH`.

Umgebungsvariable	Beschreibung
GOPATH	Pfad zu dem „Go Workspace", in welchem Libraries gespeichert werden
GOROOT	Gibt den Pfad zu der Go Distribution an
GOOS	Zielsystem. Beispiele: `windows` oder `linux`
GOARCH	Zielprozessorarchitektur. Beispiele: `amd64` oder `arm`

Abbildung 5.1: Tabelle mit Auflistung vier wichtiger Umgebungsvariablen

5.2 Go Test

Das Schreiben von Unit- und Integrationtests gehört zur Software-Entwicklung mit dazu. Dieser Fakt wird in „The Go Project" nicht außer Acht gelassen. Es liefert eine eigene Testsuite mit sich, die sich an übliche Konventionen hält und daher intuitiv zu bedienen ist, wenn man mit dem Testen von anderen Programmiersprachen vertraut ist. [1]

In Go werden Tests in Dateien geschrieben, deren Namen dem Schema `*_test.go` entsprechen. Um darin eine Funktion zu schreiben, welche als Test angesehen wird, muss im Namen der Funktion vorne `Test` stehen, außerdem muss der darauf folgende Buchstabe ein großer sein. Wenn dies der Fall ist, muss die Funktion, um dem Test-Syntax gerecht zu werden, einen Parameter vom Typ `*testing.T` haben. Das Objekt, welches später in dieser Funktion als Parameter übergeben wird, stellt Methoden zur Signalisierung eines Testfehlschlags und zur Meldung von zusätzlichen Informationen bereit. [4]

Wenn ein Programm in eine ausführbare Datei kompiliert wird, dann werden Dateien, deren Namen dem Schema `*_test.go` entsprechen, ignoriert. Erst wenn `go test` aufgerufen wird, werden diese Dateien mit kompiliert und anschließend die Testergebnisse ausgegeben. [2]

5.3 Go Bench

Benchmarks sind ein wichtiges Werkzeug, um die Performance von implementiertem Code zu messen. Auch dieses ist Teil von „The Go Project" und ermöglicht das Messen von Laufzeiten durch vorher dafür implementierte Methoden, indem das Flag `-bench regex` hinter den Befehl `go test` gehangen wird, wobei hier `regex` ein Platzhalter für einen regulären Ausdruck ist, für welchen alle Benchmarks mit passendem Namen ausgeführt werden. Mit `-bench .` lassen sich somit alle Benchmarks ausführen. [2]

Ähnlich wie die Testfunktionen, müssen auch Benchmarkfunktionen gewisse Kriterien erfüllen, um von dem Benchmarkwerkzeug als solche erkannt zu werden. Diese müssen sich ebenfalls in einer Test-Datei befinden und starten mit dem Wort `Benchmark`, wobei auch hier der nächste folgende Buchstabe groß sein muss. Außerdem braucht auch hier die Funktion zwingend einen Parameter, allerdings vom Typ `*testing.B`. [4]

Der Aufruf `go test -bench .` zeigt alle Test- und Benchmarkergebnisse sowie die Ausführungszeit jeder Benchmarkfunktion in Nanosekunden an. Außerdem kann man sich mit dem zusätzlichen Tag `-benchmem` zusätzlich die geschehenen Speicherallokierungen anzeigen lassen. [4]

6 Zusammenfassung & Ausblick

Auf viele Aspekte wurden im Rahmen dieser Arbeit nicht eingegangen, da diese das Pensum dieses Überblicks überschritten hätten. Zum Beispiel gibt es einige nützliche Standardbibliotheken, beispielsweise eine für die schnelle und einfache Erstellung eines HTTP-Servers. Des Weiteren gibt es noch viele weitere nützliche Schlüsselwörter und Werkzeuge.

Go ist eine junge, innovative und leichtgewichtige Sprache. Aus diesen Umständen entspringen aber auch einige der Probleme. Zum Beispiel ist typsichere Programmierung aktuell nicht möglich durch fehlende generische Datentypen. Auch das junge Alter führt dazu, dass in dem bekannten Softwareentwickler-Forum *StackOverflow.com* bei weitem nicht für so viele Probleme eine Lösung existiert, wie beispielsweise für Java oder Python [1].

„The Go Project" befindet sich immer noch in Entwicklung. Da dies Open-Source ist, kann auf GitHub.com ein eigener Beitrag dazu geleistet werden [2].

Abschließend kann man sagen, dass Go durch den teilweise üblichen Syntax, die Implementierung der Nebenläufigkeit und die nützlichen Werkzeuge eine Programmiersprache ist, welche in der Auswahl von Technologien für das nächste Projekt berücksichtigt werden sollte.

---

[1] StackOverflow, Trends, https://insights.stackoverflow.com/trends?tags=java%2Cpython%2Cgo, 29.12.2020

[2] GitHub,https://github.com/golang, 29.12.2020

Literaturverzeichnis

[1] M. Tsoukalos, *Mastering Go: Create Golang production applications using network libraries, concurrency, machine learning, and advanced data structures*, 2nd ed., ser. Expert insight. Birmingham: Packt, August 2019.

[2] A. Schröpfer, *Das Go Praxisbuch: Einstieg in Go und das Go-Ökosystem*, 1st ed. Heidelberg: dpunkt, 2019.

[3] Google, 29.12.2020. [Online]. Available: golang.org

[4] A. A. A. Donovan and B. W. Kernighan, *The Go programming language*. Addison-Wesley, 2015.

[5] W. Kennedy, B. Ketelsen, and E. Saint Martin, *Go in action*. Shelter Island, NY: Manning Publications, 2016. [Online]. Available: http://proquest.tech. safaribooksonline.de/9781617291784

BEI GRIN MACHT SICH IHR WISSEN BEZAHLT

- Wir veröffentlichen Ihre Hausarbeit,
  Bachelor- und Masterarbeit

- Ihr eigenes eBook und Buch -
  weltweit in allen wichtigen Shops

- Verdienen Sie an jedem Verkauf

Jetzt bei www.GRIN.com hochladen und kostenlos publizieren